공 하나로 시작하는 **신나는 과학 탐험** **키즈 유니버시티**

KIDS UNIVERSITY

"NEURAL NETWORKS FOR BABIES"

신경망

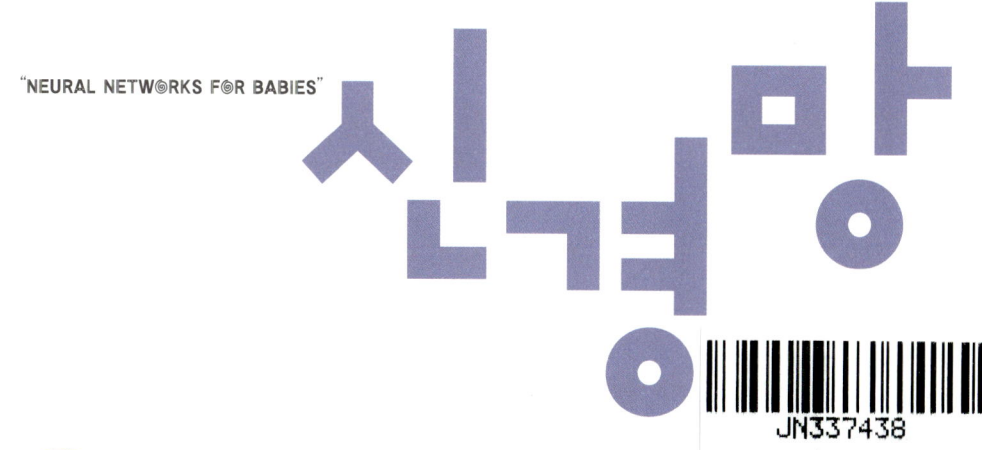

크리스 페리·사라 카이저 지음 | 정회성 옮김

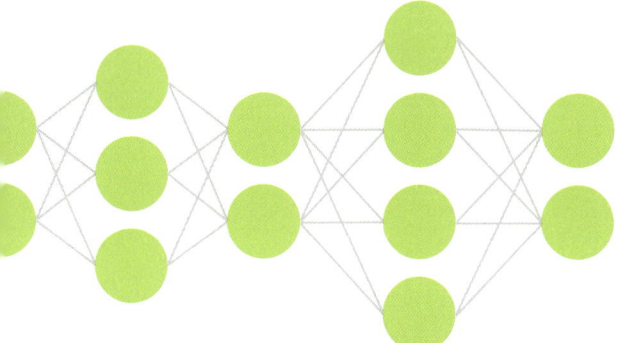

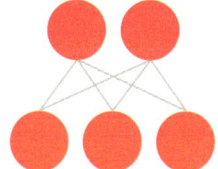

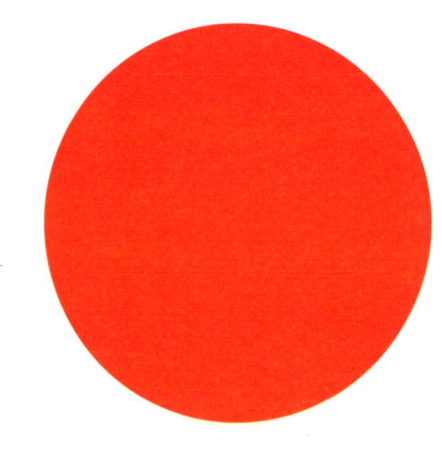

여기 공이 있어요.

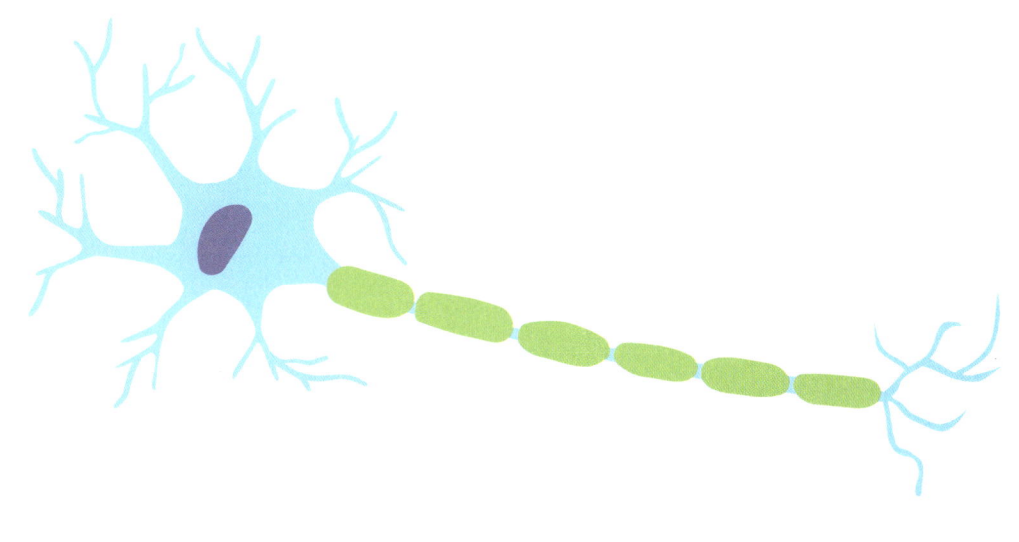

이것은 뉴런(신경 세포)이에요.
뉴런은 몸 전체에 정보를 전달해요.

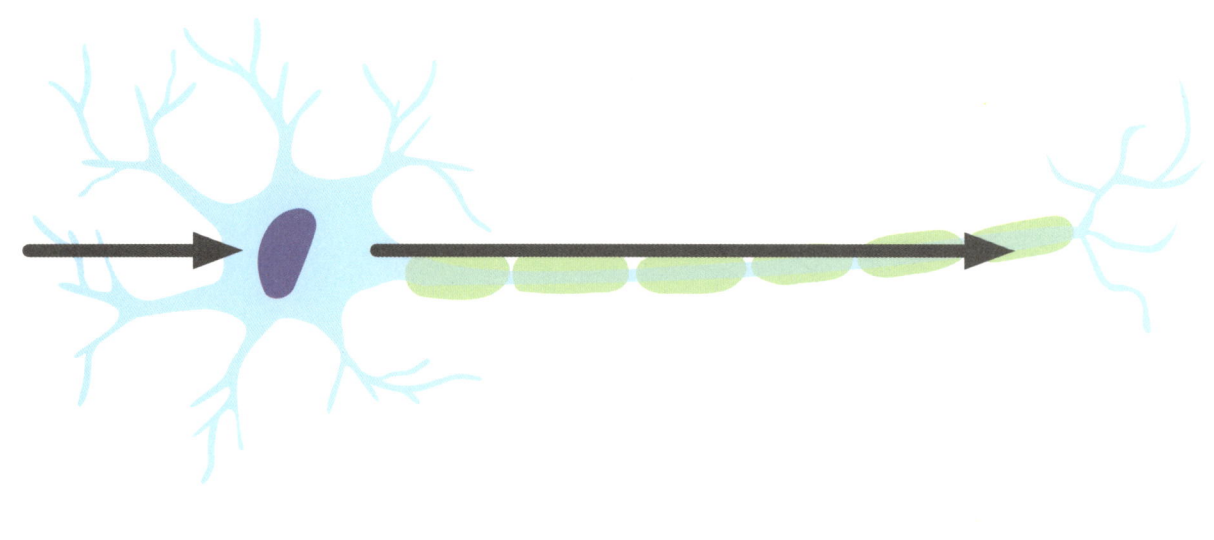

우리가 무언가를 배울 수 있는 건 뉴런 덕분이에요.
뉴런은 정보를 받아들이고 내보내요.

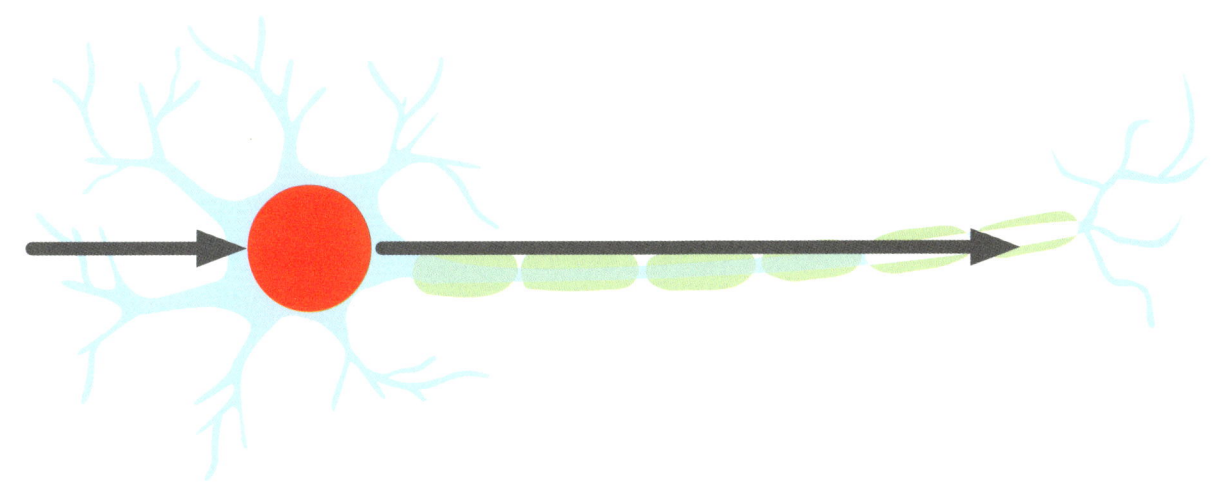

이 빨간 공이 뉴런이라고 생각해 봐요.

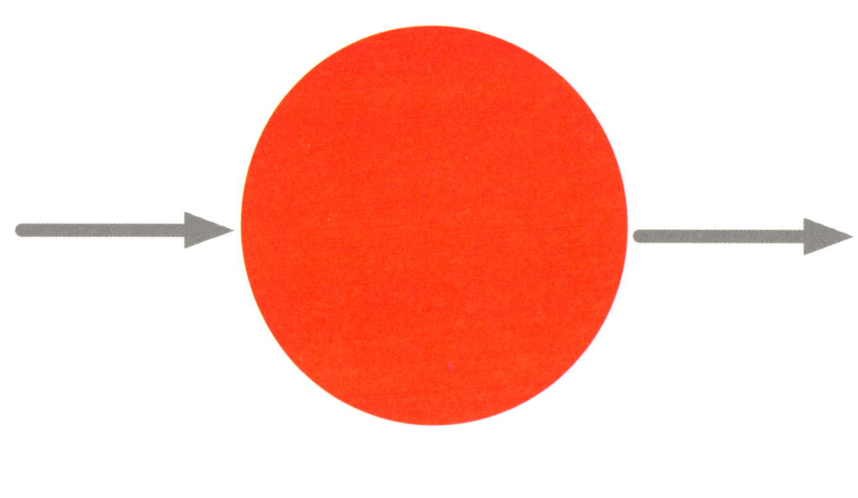

뉴런은 정보를 하나씩 받고 내보낼 수도 있고,

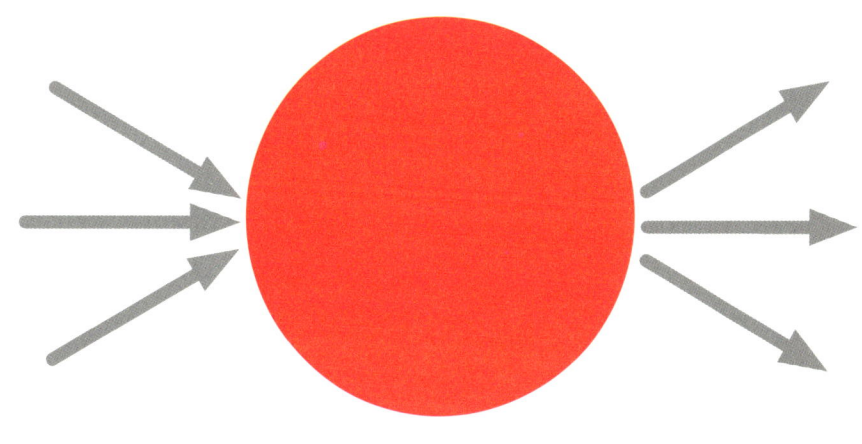

여러 개의 정보를 받고 내보낼 수도 있어요!

빨간 동물이 보이나요?

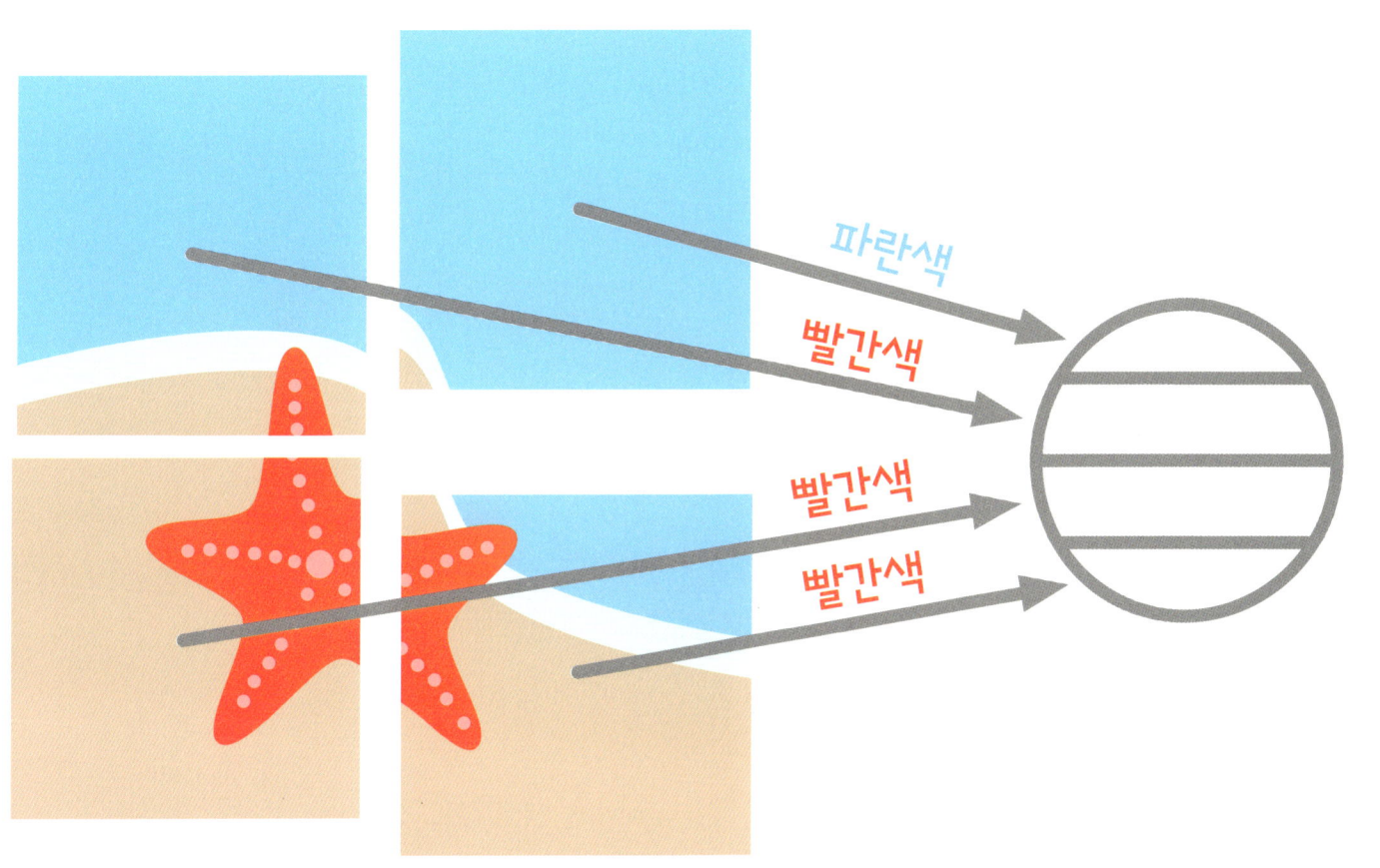

뉴런은 받아들인 정보를 바탕으로 판단해요.

그리고 뉴런이 답을 내리면,

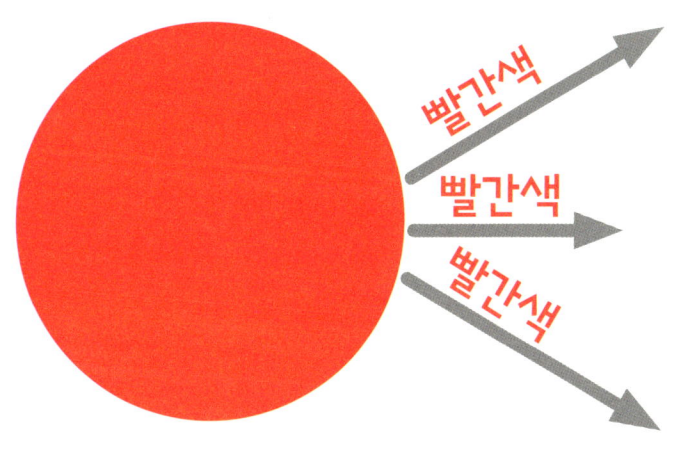

그 정보를 내보내요.

이 동물의 팔은 여덟 개인가요?

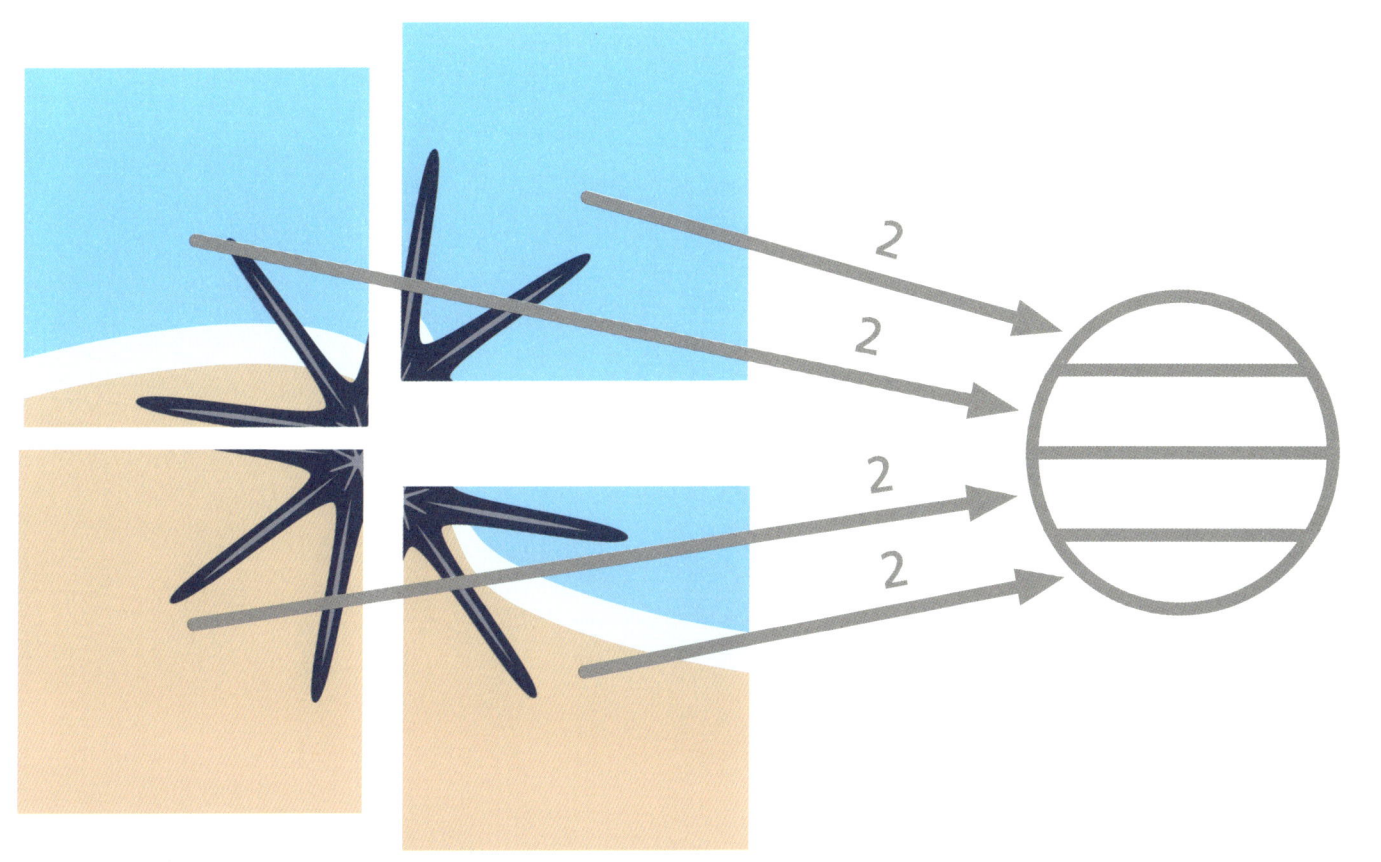

뉴런은 받아들인 정보를 바탕으로 판단해요.

그리고 답을 내리면,

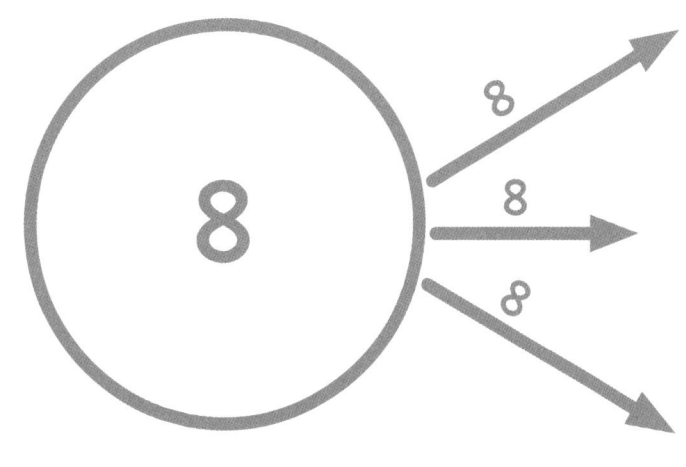

그 정보를 내보내요.

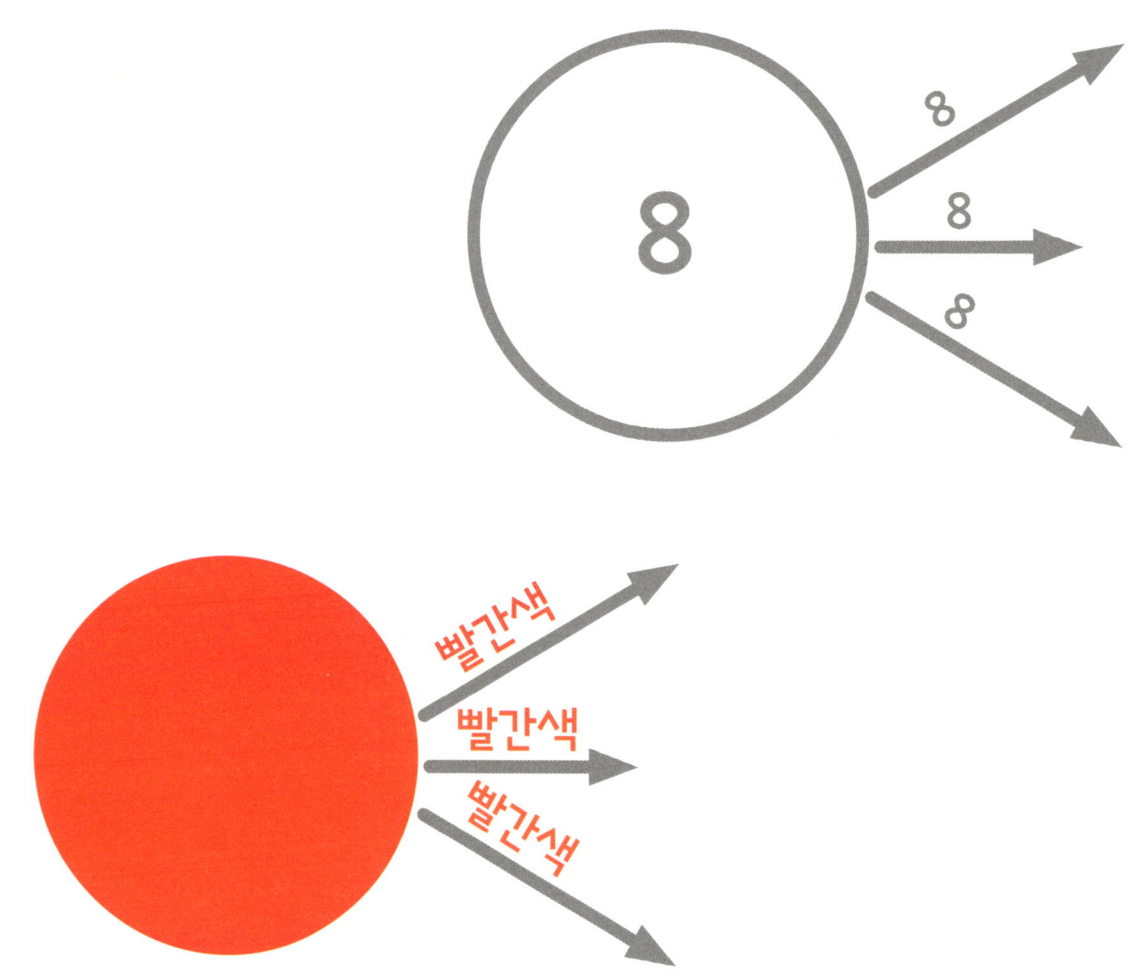

뉴런이 내보낸 정보는 어디로 갈까요?

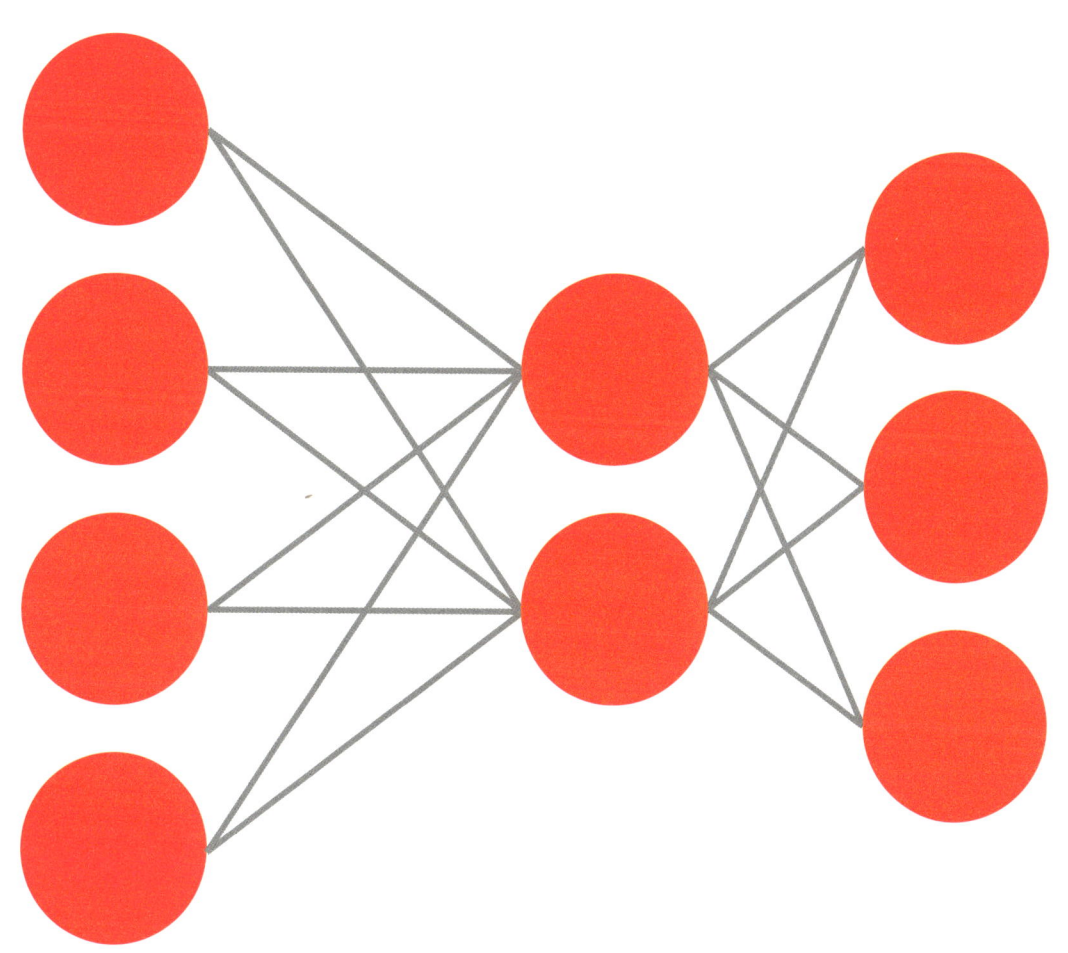

다른 뉴런으로 가요.
뉴런들은 서로 연결되어 있어요.
이를 **신경망**이라고 해요.

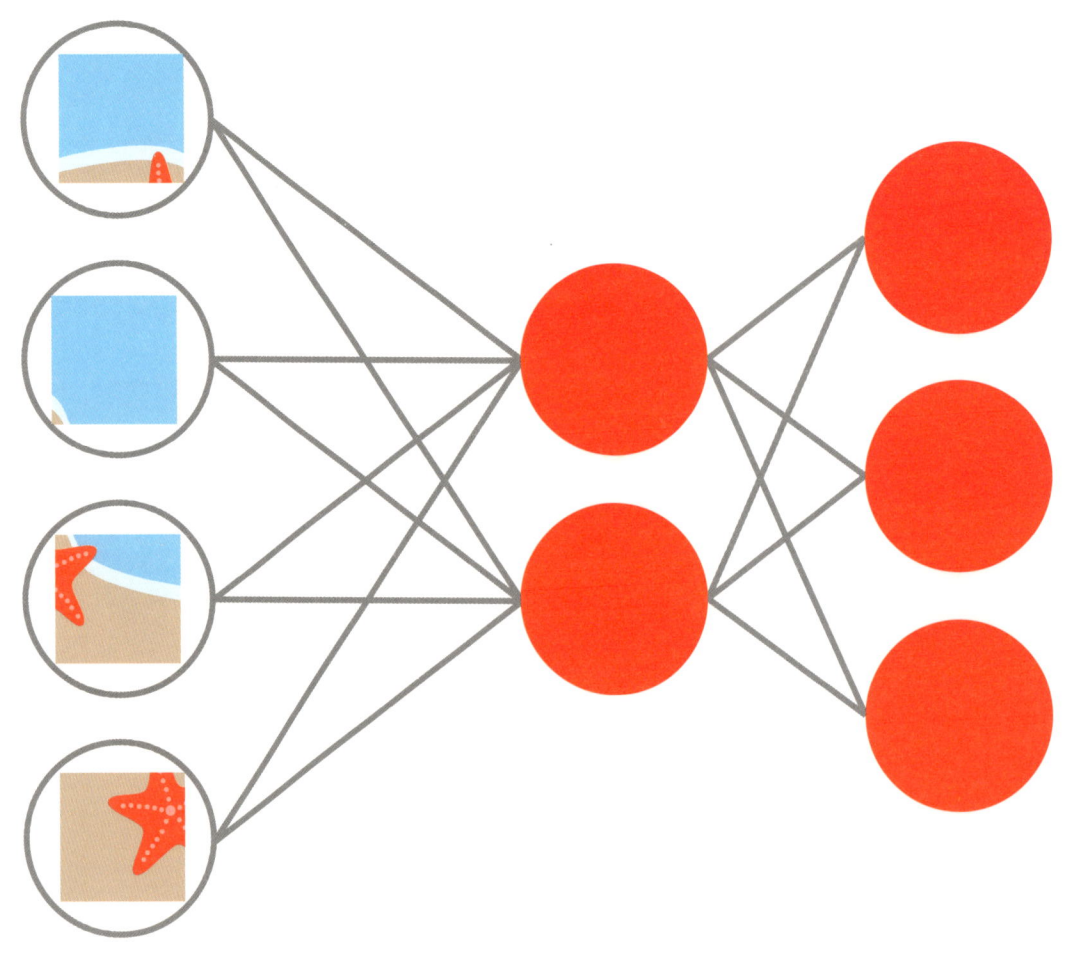

정보를 처음 받아들이는 뉴런들은
그림을 여러 부분으로 나누어 봐요.

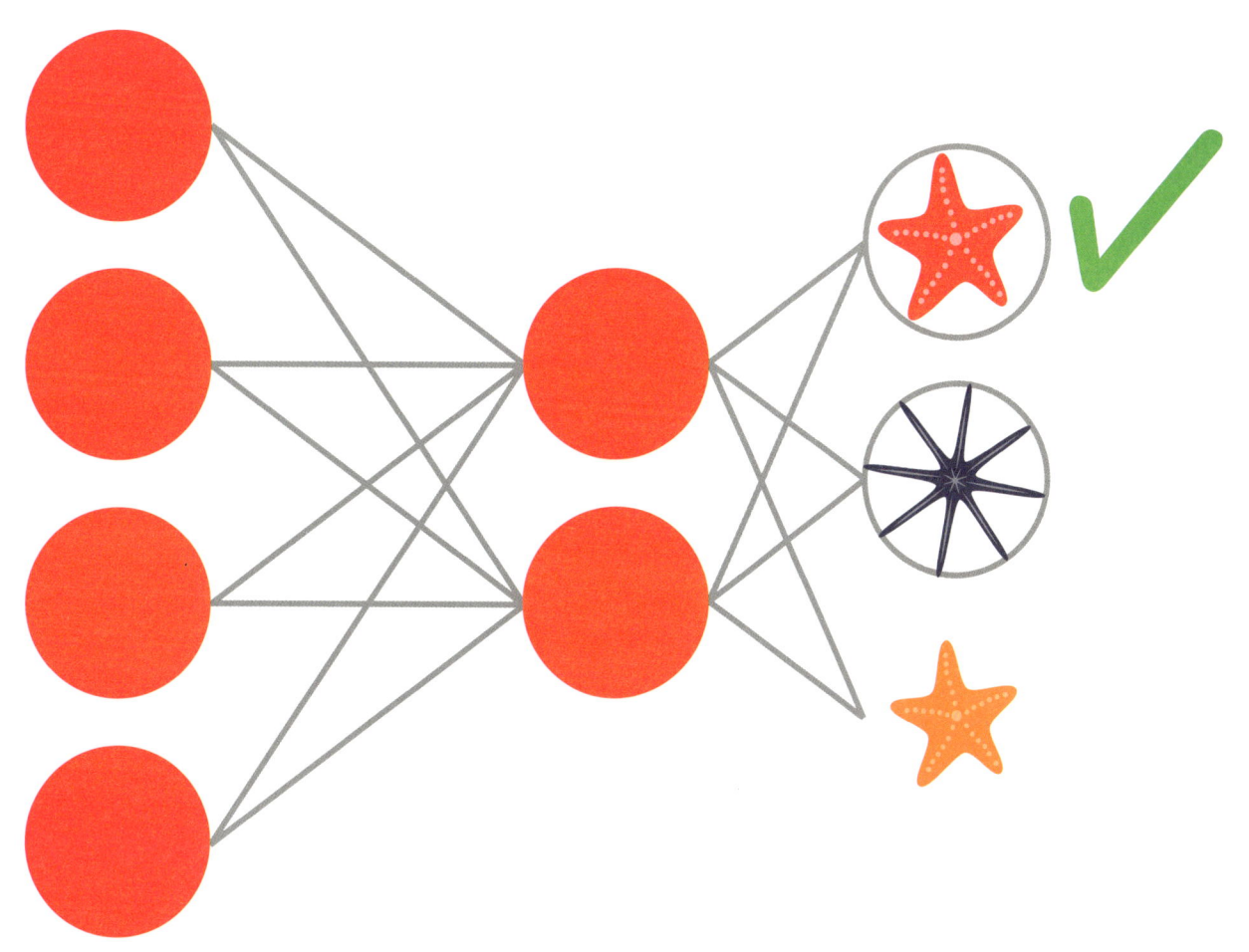

마지막에 있는 뉴런들은
답을 알고 있어요.

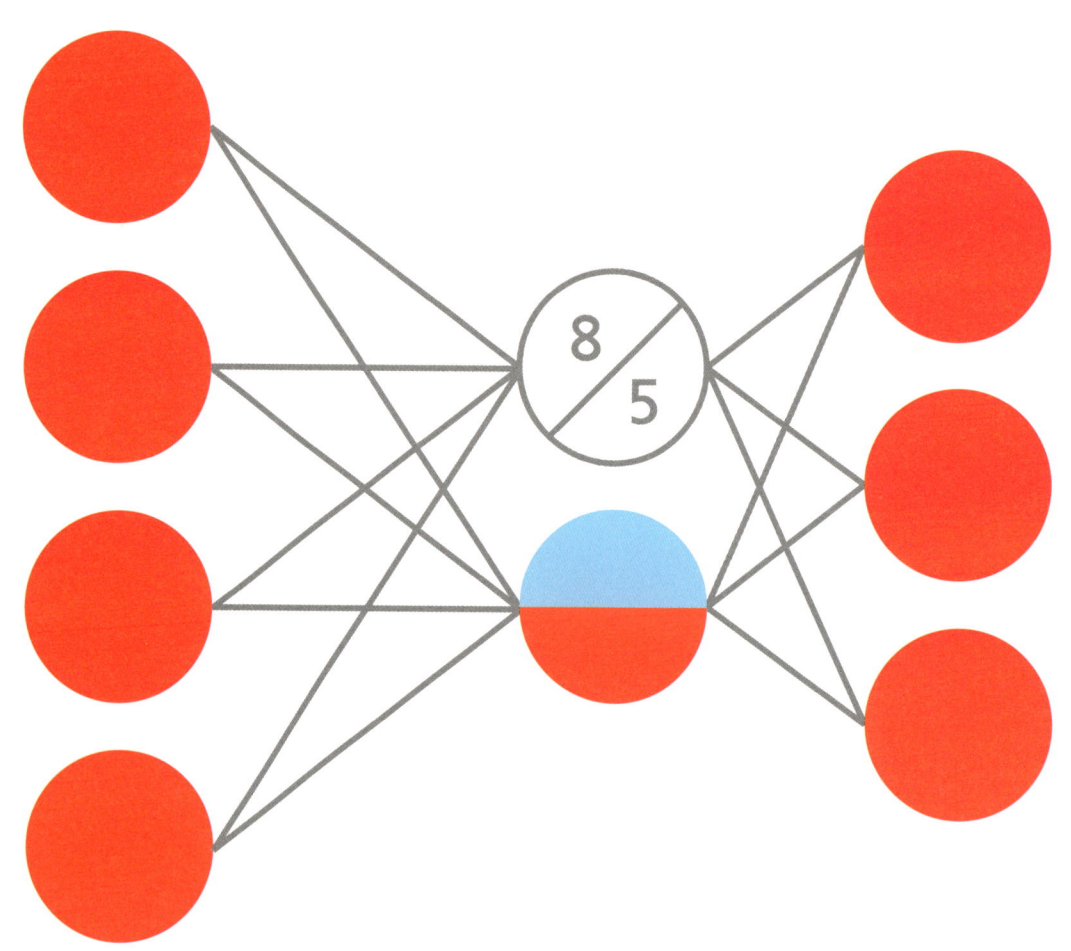

그러면 중간에 있는 뉴런은요?
이 뉴런들은 그림을 보지도 못하고,
답을 알지도 못하잖아요.

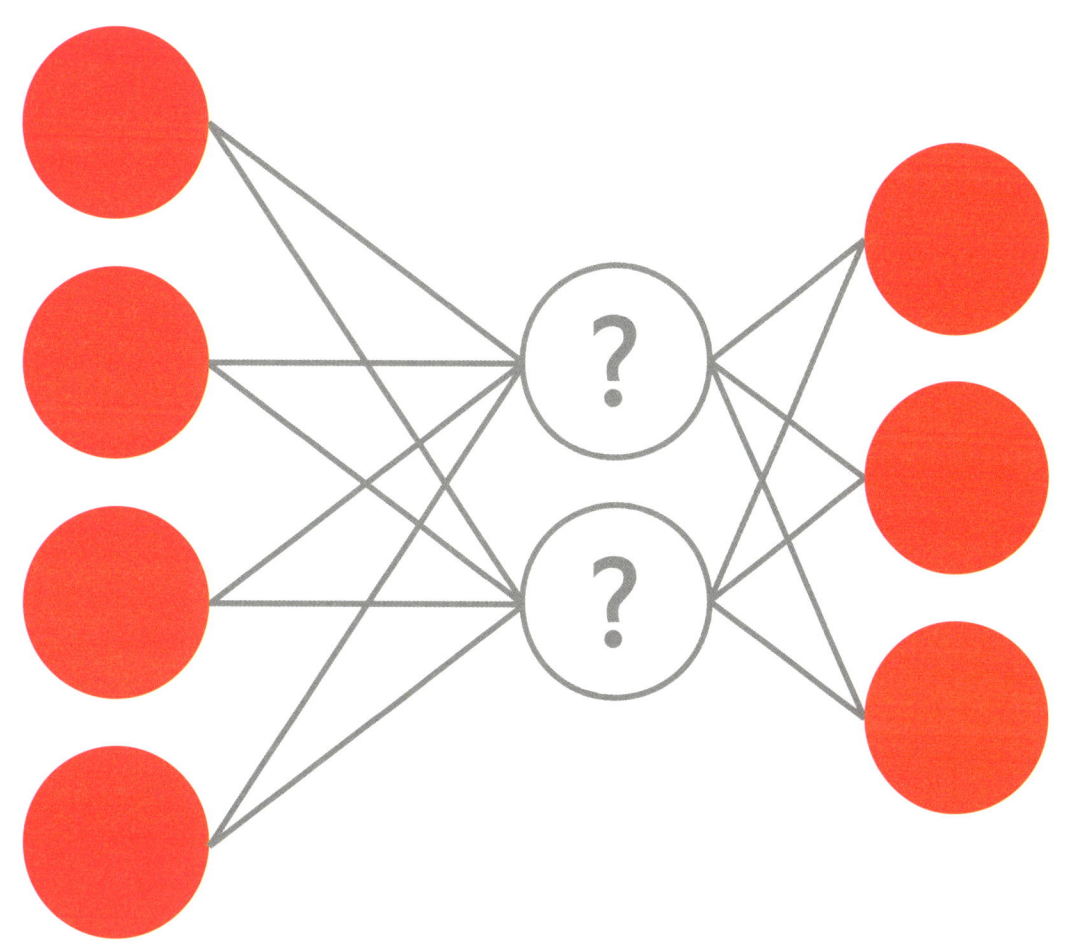

이 뉴런들은 어떻게 판단하는 걸까요?

여러 자료를 가지고 학습하면 돼요.

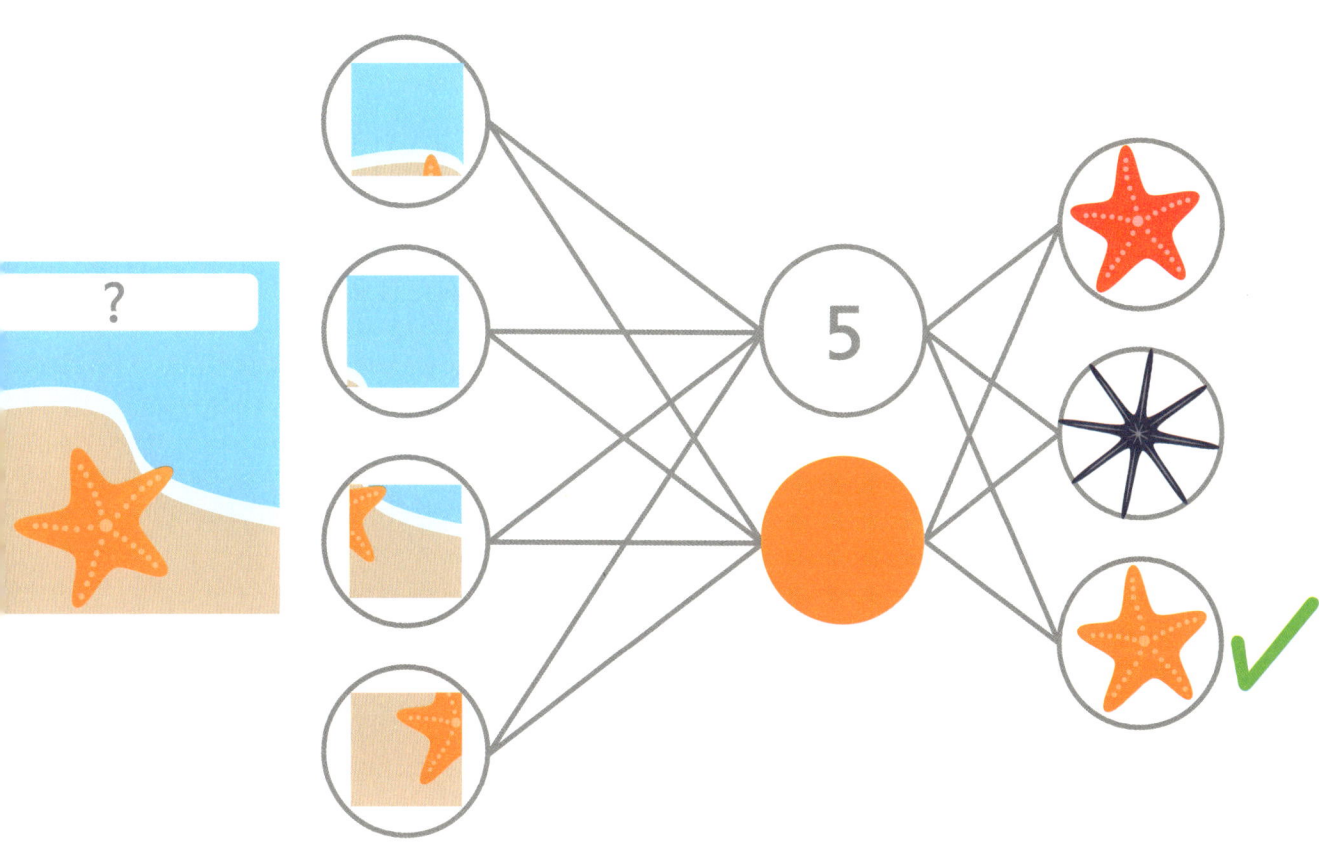

학습을 하면, 신경망은 그림에 대한
새로운 정보를 배우고 익혀요.

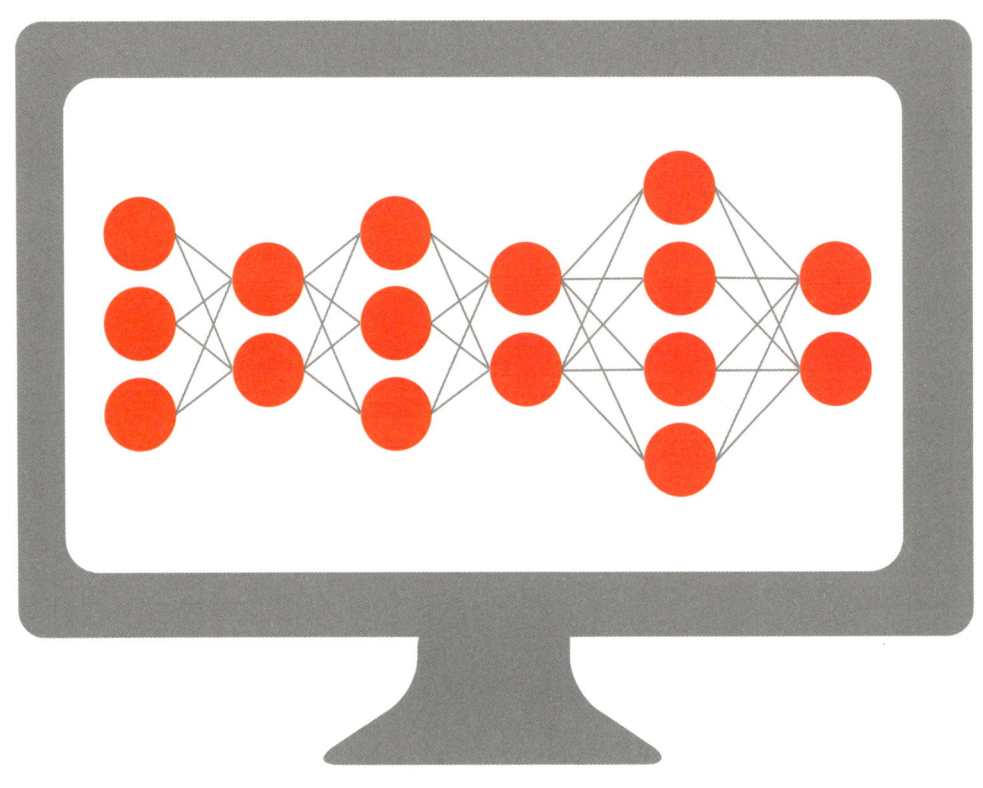

아주 큰 신경망은 컴퓨터가 아주 어려운 문제를
풀 수 있게 도와준답니다!

여러분은 이제

신경망이 무엇인지

알았어요!

신경망

초판 1쇄 발행 2023년 9월 25일
지은이 크리스 페리·사라 카이저 **옮긴이** 정회성
펴낸이 김현태 **펴낸곳** 책세상어린이 **등록** 2021년 1월 22일 제2021-000032호
주소 서울시 마포구 잔다리로 62-1, 3층(04031) **전화** 02-704-1251 **팩스** 02-719-1258
이메일 editor@chaeksesang.com **광고·제휴 문의** creator@chaeksesang.com
홈페이지 chaeksesang.com **페이스북** /chaeksesang **트위터** @chaeksesang
인스타그램 @chaeksesang **네이버포스트** bkworldpub

ISBN 979-11-5931-978-5 74080
ISBN 979-11-5931-969-3 (세트)

잘못되거나 파손된 책은 구입하신 서점에서 교환해 드립니다.
책값은 뒤표지에 있습니다.
책세상어린이는 도서출판 책세상의 아동·청소년 브랜드입니다.
전 연령의 어린이에게 적합한 도서입니다. Printed in Korea

All rights reserved
including the right of reproduction in whole or in part in any form.
This edition published by arrangement with Sourcebooks, LLC.
This Korean translation published by arrangement with
Chris Ferrie in care of Sourcebooks, LLC through Alex Lee Agency ALA.

이 책의 한국어판 저작권은 알렉스리에이전시 ALA를 통해 Sourcebooks, LLC사와 독점 계약한 책세상에 있습니다.
저작권법에 의해 한국 내에서 보호를 받는 저작물이므로 무단 전재와 복제를 금합니다.

지은이 **크리스 페리**

물리학자이자 수학자예요. 캐나다 워털루대학교에서
응용수학 석사 학위를 받은 뒤 양자역학 확률론과 응용수학 박사 학위를 받았어요.
지금은 오스트레일리아 시드니공과대학교 양자 소프트웨어 및 정보 센터 교수로 있어요.
어린이 과학자 네 명의 아버지로, 과학 이론을 가르치는 것은 빠를수록 좋다고 믿고 있답니다.

지은이 **사라 카이저**

물리학자예요. 오스트레일리아 맥쿼리대학교에서
나노 크기의 광물질을 이용한 양자 물리학을 연구하고 있어요.
연구 분야는 인공위성부터 해킹 양자 암호 하드웨어까지 다양하며, 틈틈이 과학과 관련된 글도 쓴답니다.

옮긴이 **정회성**

도쿄대학교 대학원에서 비교문학을 공부하고 성균관대학교와 명지대학교에서 번역 이론을 강의했어요.
지금은 인하대학교 영어영문학과 초빙교수로 재직하면서 번역가로 활동하고 있어요.
《피그맨》으로 2012년 IBBY(국제아동청소년도서협의회) 어너리스트(Hornor List) 번역 상을 받았어요.
옮긴 책으로 《위대한 개츠비》, 《인간 실격》, 《동물 농장》, 《월든》, 《이게 모두 사실이라고?》 등이 있고,
쓴 책으로 《혼자서도 술술 영어 일기 쓰기》, 《책 읽어 주는 로봇》, 《내 친구 이크발》 등이 있어요.

'키즈 유니버시티 시리즈' 사용 설명서

동화책을 읽어 줄 때처럼, 이 책도 열정을 가지고 읽어 주세요. 엄마나 아빠, 선생님 같은 어른들이 관심을 가진다면, 아이들도 그만큼 책에 주의를 기울일 거예요. 아이들이 이해할 수 있도록 도와주면서 호기심을 자극하세요. 과학이 중요하다는 사실을 알려 주세요.

아이들은 때때로 그림에만 흥미를 느끼고, 내용을 이해하지 못해 답답해하며 질문을 쏟아 낼지도 모릅니다. 그러면 가장 먼저 아이를 칭찬해 주세요. 또 함께 풀어 보자고 의욕을 북돋워 주세요. 생각과 질문이 얼마나 중요한 것인지도 얘기도 주시고요. 정답을 알지 못해도 괜찮다고 다독이며, 때로는 답을 찾아가는 과정이 더 재미있다는 것도 알려 주세요. 아이가 던지는 질문에 대한 가장 좋은 대답은 바로 "네 생각은 어떠니?"라고 되묻는 것입니다.

자신의 생각을 잘 표현하는 아이로 성장하려면, 학습이 하나의 과정이라는 사실을 꼭 이해해야 합니다. 성공은 단순히 정답을 맞히는 것 이상의 의미를 갖습니다. 성공이란 질문을 던질 수 있는 용기, 답을 찾아내려는 끈기, 틀렸을 때 다시 일어설 수 있는 회복력을 갖추는 것을 의미합니다. 틀려도 괜찮습니다. 모든 실패는 성공을 향한 걸음이니까요. 이 걸음에서 어른들의 역할은 아이에게 과학을 가르치고 사실을 알리는 것에 그치지 않고, 평생 배움을 이어 나가는 데 필요한 기술과 마음가짐을 깨우치게 하는 것입니다.

크리스 페리